D1873341

Wo das Glück beginnt

KARL FRIELINGSDORF

WO DAS GLÜCK BEGINNT

MATTHIAS-GRÜNEWALD-VERLAG · MAINZ

verlags gruppe engagement

Der Matthias-Grünewald-Verlag ist Mitglied
der Verlagsgruppe engagement

Bibliografische Information Der Deutschen Bibliothek
Die Deutsche Bibliothek verzeichnet diese Publikation in der Deutschen Nationalbibliografie; detaillierte bibliografische Daten sind im Internet über http://dnb.ddb.de abrufbar.

© 2003 Matthias-Grünewald-Verlag, Mainz
Das Werk einschließlich aller seiner Teile ist urheberrechtlich geschützt. Jede Verwertung außerhalb der engen Grenzen des Urheberrechtsgesetzes ist ohne Zustimmung des Verlags unzulässig und strafbar. Das gilt insbesondere für Vervielfältigungen, Übersetzungen, Mikroverfilmungen und die Einspeicherung und Verarbeitung in elektronischen Systemen.

Grafische Gestaltung: Kirsch Kommunikationsdesign GmbH, Wiesbaden
Druck und Bindung: Eurografica SpA, Marano – Vicenza

ISBN 3-7867-2446-6

INHALT

VORWORT

GLÜCK IST FÜR MENSCHEN eine faszinierende Vorstellung, ein Zauberwort, ein Wort der Sehnsucht. Glück ist das kostbarste Gut des Menschen und nicht zuletzt aus diesem Grund sehr zerbrechlich. Wenn es einen Wunsch gibt, in dem sich die Menschen aller Völker und Rassen einig sind und immer einig waren, dann ist es der Wunsch, glücklich zu sein. Doch über die Wege zu einem glücklichen Leben gibt es verschiedene Meinungen.

Die Maxime „Glücklich ist, wer hat, was er will", scheint auf den ersten Blick sehr einleuchtend. Denn viele gehen davon aus, dass man sich das Glück beschaffen, verdienen, machen oder kaufen kann. In unserer Leistungs-, Erlebnis- und Spaßgesellschaft gilt es, das Glück zu erjagen. Es wird nicht so sehr als etwas betrachtet, das schon im augenblicklichen Leben da ist. Glück kann man sich verschaffen. Um das Glück muss man kämpfen und rennen, um möglichst vor dem Anderen am Ziel zu sein oder wenigstens das zu erreichen, was die anderen schon haben. So verstanden können wir das Glück letztlich selbst erlangen, wenn wir nach einer vollkommeneren, raffinierteren und immer noch zu steigernden Befriedigung unserer Bedürfnisse streben.

Doch die Erfahrung zeigt, dass dieses immer mehr Haben-, Befriedigen- und Besitzen-Wollen nicht zu einem größeren Glück und zu einer dauernden Zufriedenheit im Leben führt. Auf der ständigen Jagd nach etwas, was uns zu unserem Glück zu fehlen scheint, und im hektischen Haschen nach einem glücklichen Leben, zerrinnt uns das Glück zwischen den Fingern. Wir können das, was wir im Leben haben und was wir sind, nicht genießen und verkosten, weil wir ständig einem neuen Glück hinterherlaufen. Dieser sinnlose Wettlauf des Immer-mehr-haben-Wollen führt oft zu einem Glückswahn und einer unersättlichen Lebensgier. Dabei bleibt das eigentliche Glück auf der Strecke, ist das Unglücklichsein vorprogrammiert.

Auch ein anderer Weg zum Glücklichsein erweist sich als Irrweg: Wenn wir das Glücklichsein zu absolut sehen, es mit der „himmlischen Glückseligkeit“ gleichsetzen, wo kein Leid und Unglück mehr sein wird. Nach diesem Verständnis wären wir alle zum Unglücklichsein im Diesseits verurteilt und könnten nur auf das Jenseits hoffen. Irdisches Glück und ewiges Heil sind aber nicht unverträglich, sondern aufeinander bezogen. Die ewige Glückseligkeit ist in den vielen irdischen Glücksmomenten schon gleichnishaft erfahrbar. Wir sind dann glücklich, wenn wir positive, befreiende und gute Erfahrungen machen, die Freude und Lebensbejahung in uns wecken und in dem Grundgefühl gipfeln: Es ist gut zu leben und da zu sein.

Im Alltag findet sich ein solch „kleines Glück" z.B., wenn sich ein bestimmter Wunsch, ein Verlangen erfüllt: Wenn Hungrigen das Essen mundet, wenn Durstigen in der Hitze ein kühler Trank gereicht wird, wenn ein geplantes Werk gelingt, wenn sich zwei Freunde treffen.

Wir fragen in diesem Buch mit Worten und Bildern, wo das Glück beginnt, und suchen nach kleinen Schritten zum Glücklichwerden.

Der wichtigste Schritt auf dem Weg zum Glücklichsein in dieser irdischen Welt ist eine grundsätzlich bejahende Einstellung, ein JA zum eigenen Leben mit seinen Licht- und Schattenseiten, ein JA zur Welt überhaupt.

Eine chinesische Geschichte, von Anthony de Mello weitergegeben, drückt diese Wahrheit treffend aus. Sie erzählt von „einem Bauern, der ein altes Pferd für die Feldarbeit hatte. Eines Tages entfloh das Pferd in die Berge, und als alle Nachbarn des Bauern sein Pech bedauerten, antwortete der Bauer: Pech oder Glück? Wer weiß? Eine Woche später kehrte das Pferd mit einer Herde Wildpferde aus den Bergen zurück, und diesmal gratulierten die Nachbarn dem Bauern wegen seines Glücks. Seine Antwort hieß: Glück oder Pech? Wer weiß? Als der Sohn des Bauern versuchte, eines der Wildpferde zu zähmen, fiel er vom Rücken des Pferdes und brach sich ein Bein. Jeder hielt dies für ein großes Unglück. Nicht jedoch der Bauer, der nur sagte: Glück oder Pech? Wer weiß? Ein paar Wochen später marschierte die Armee durch das Dorf und zog jeden tauglichen jungen Mann ein, den sie finden konnte. Als sie den Bauernsohn mit seinem gebrochenen Bein sahen, ließen sie ihn zurück. War das nun Glück oder Pech? Wer weiß?“

Was an der Oberfläche wie etwas Nachteiliges aussieht, kann sich oft als etwas Gutes herausstellen.

Wo beginnt nun das Glück? Glück beginnt dort, wo Menschen ihr Leben annehmen mit seinen Licht- und Schatten-

Seiten und wenn sie ihre von Gott geschenkten Talente einsetzen für andere, für sich selbst und für das Reich Gottes. Der Gleichklang einer geordneten Gottes-, Selbst- und Nächstenliebe ist die beste Voraussetzung für ein geglücktes Leben.

Karl Frielingsdorf

LEER WERDEN UND LOSLASSEN

DER „WAHRE HEISSHUNGER“, die „unendliche Sehnsucht“, unbedingt das oder jenes haben zu „müssen“, was ich meine zu brauchen, um glücklich zu sein, gleicht oft einem großen Loch, das mit jedem „erfüllten Wunsch“ nur noch größer wird. Dieses große Loch führt häufig zu einem Gefühl von „existenzieller Leere“, die letztlich unersättlich scheint, sodass sie nie gefüllt werden kann: „Je mehr er hat, je mehr er will, nie schweigen seine Wünsche still.“ Die Enttäuschung ist hier vorprogrammiert.

UM DIE FÜLLE des wesentlichen Glücks zu empfangen, muss ich zuerst leer werden von allem Unwesentlichen, was mich ausfüllt. Dieses Loslassen und Leerwerden sind zwei wichtige Grundvoraussetzungen für das Empfangenkönnen. Laotse drückt diese Gedanken wie folgt aus:

„Aus nassem Ton formt man Gefäße,
aber die Leere in ihnen
ermöglicht die Fülle der Krüge.

Aus Holz zimmert man Türen und Fenster,
aber das Leere in ihnen
macht das Haus bewohnbar.

So ist das Sichtbare zwar von Nutzen;
doch das Wesentliche bleibt unsichtbar.“

DIESES GEHEIMNIS der Leere und Fülle wird u.a. im Kreislauf der Jahreszeiten sichtbar: vom Säen, Wachsen und Reifen in Frühling und Sommer bis zur Ernte im Herbst und zum Absterben im Winter. Das Weizenkorn wird in die Erde gelegt und es muss sterben, um neues Leben zu ermöglichen. Dasselbe erfährt der Mensch in seinem Leben und in seinem Tod. Im Tod gilt es, alles zu lassen, was irdisches Glück und Wohlbefinden ausmacht. Wie ein Sprichwort sagt: „Das Totenhemd hat keine Taschen, in denen der Mensch etwas mitnehmen kann." Für Glaubende ist dieses Loslassen und Leerwerden im Tode kein hoffnungsloses Geschehen, sondern die Voraussetzung für das Empfangen der Fülle des Glücks in der Glückseligkeit bei Gott.

IM HINBLICK auf ein glückliches Leben geht es also letztlich nicht so sehr darum, wie viel oder wenig wir zum Leben haben – solange ein Existenzminimum gesichert ist –, sondern um die rechte, innere Einstellung und Ausrichtung unseres Lebens.

IRDISCHES GLÜCK UND EWIGES HEIL

MANCHE SEHEN das Glücklichsein zu absolut, stellen einen zu hohen Anspruch, setzen es mit der „christlichen Glückseligkeit", dem ewigen Heil gleich, wo kein Leid mehr sein wird, kein Tod, wo jede Träne abgewischt wird. Nach diesem Verständnis wären wir alle zum „Unglücklichsein im Diesseits" verdammt und könnten nur auf das Glück im „Jenseits" hoffen. Doch das ewige Heil, wo alles menschliche Verlangen nach Glück im Jenseits gestillt wird, ist zu unterscheiden von dem hier gemeinten diesseitigen Glücklichsein. Beide sind nicht zu trennen, denn irdisches Glück und ewiges Heil sind nicht unverträglich, sondern aufeinander bezogen. So ist das reale irdische Glück etwas, das wir zwar nicht machen können. Trotzdem wollen wir es mit gutem Grund in dieser Welt suchen und erleben, und nicht erst in irgendeiner Form im Jenseits.

DIE ERFÜLLUNG unserer Wünsche nach alltäglichem Glück, jede Erfüllung eines Glückverlangens, gibt einen kleinen Geschmack von der letzten Glückseligkeit. Gleichzeitig ist sie immer auch der Hinweis, dass diese Erfüllung nicht reicht, unseren Hunger nach Glück zu stillen.

ES GIBT ALSO ein wirkliches, irdisches Glück, das nicht so sehr von der Abwesenheit des Negativen, sondern von der Anwesenheit positiver Erfahrungen und Einstellungen bestimmt wird. Dieses existenzielle diesseitige Glück besteht in einer grundsätzlichen bejahenden Einstellung zum eigenen Leben und zur Welt überhaupt mit ihren positiven und negativen Seiten, die letztlich im Glauben verwurzelt ist.

DIE HIMMLISCHE GLÜCKSELIGKEIT ist also in den kleinen irdischen Glücksmomenten schon gleichnishaft auf Erden erfahrbar. Zu dem existenziellen, umfassenden, irdischen Glück gehören die vielen, kleinen Glückserfahrungen ebenso wie die Annahme der unglücklichen Erfahrungen im privaten Bereich und im weltweiten Kontext. Wesentlich hierfür ist die Integration der Licht- und Schattenseiten, von Freuden und Leiden, von Möglichkeiten und Defiziten, von Höhen und Tiefen des Lebens, letztlich die Bejahung von Leben und Tod.

DAS KLEINE GLÜCK IM ALLTAG

DAS „KLEINE GLÜCK" kann uns zufallen wie ein Geschenk des Lebens in einer Hochstimmung bei einem Sonnenaufgang, bei einer Gipfelbesteigung mit einem Blick über schneebedeckte Berge und Täler, bei einem Spaziergang am Meer, in einem Konzert, beim plötzlichen Entdecken einer lang-gesuchten Lösung, durch ein ermunterndes Wort, durch einen liebevollen Blick oder andere positive Verstärkungen.

ZWEI MENSCHEN spüren ein tiefes Glück, wenn sie sich nach einer langen Zeit des gegenseitigen Verletzens und Schuldigwerdens die Hand reichen, sich vergeben und versöhnen. Dieses Glück gleicht der Freude des Vaters, der den verlorenen Sohn in die Arme schließt, und des guten Hirten, der das verlorene Schaf sucht und wieder findet. Tiefes Glück erfahren auch zwei liebende Menschen. Dieses Glück besteht einmal in der Sehnsucht und im Verlangen nach dem oder der Geliebten und drückt sich dann im Genießen und in der Freude, dem Entzücken aus, wenn den Liebenden das Geliebte zuteil wird.

DER ERSTE URWUNSCH nach einem Namen beinhaltet: Nicht austauschbar, einzigartig zu sein, Ansehen zu haben, zu lieben und geliebt zu werden, anerkannt, nicht gebraucht und benutzt zu werden. Der zweite Urwunsch nach Macht besagt: Selbst-Mächtigkeit, sich selbst bewegen, in Freiheit entwickeln, wachsen zu können und selbst etwas entwickeln, schöpferisch gestalten zu können. Der dritte Urwunsch nach Heimat und Geborgenheit bedeutet: Zu Hause sein, dazu gehören, einen letzten Halt haben.

EINE POSITIVE GRUNDEINSTELLUNG zum Leben und zum menschlichen Glück ist letztlich nur möglich auf dem Grund einer Zustimmung zur Welt im Ganzen. Diese erwächst auch aus dem christlichen Glauben. Hier beruht sie auf der Hoffnung, dass bei aller Zerstörung der ursprünglich heilen Welt durch die Sünde, bei allem menschlichen Versagen das Leben und die Welt insgesamt eine durch Christus bereits erlöste und vom Unheil befreite Welt ist, die durch Ihn einmal vollendet wird.

SELBSTVERWIRKLICHUNG

EINE WEITERE VORAUSSETZUNG für das menschliche Glück ist die Selbstverwirklichung und das ganzheitliche Heilwerden des Menschen. Während die christliche Anthropologie ebenso wie die humanistische Psychologie das Ziel hat, dass die Menschen glücklich werden, liegt der Unterschied im grundlegenden Ansatz: Die humanistische Psychologie geht vielfach von einem Menschen aus, der das Maß aller Dinge ist und sich selbst verwirklichen und erlösen kann. Dagegen wird das christliche Menschenbild von der Gottebenbildlichkeit her verstanden: Der Mensch verdankt sich Gott und bleibt in der Selbstverwirklichung auf die heilende und lebensspendende Gnade Gottes angewiesen.

SELBSTVERWIRKLICHUNG, wie wir sie verstehen, setzt die Auseinandersetzung mit der persönlichen Lebensgeschichte und die Annahme des von Gott zugefallenen Lebens voraus. Dabei kann eine christlich verstandene Selbstverwirklichung nicht ohne Selbstbeschränkung und Selbstverzicht gelingen. Denn es geht neben den Möglichkeiten auch um die Grenzen, die sich aus der persönlichen Lebensgeschichte und aus der aktuellen Lebenssituation ergeben.

ANGESICHTS VON TOD UND LEID werden die Selbsterlösungstheorien fragwürdig, wenn es um das Glücklichsein des Menschen geht. Wie ist das Unglücklichsein so vieler Menschen zu verstehen?

Der christliche Glaube schenkt uns im Leiden und Kreuz Christi ein mögliches Deutungsmodell. Gott hat den Weg des Leidens und der Ohnmacht, d.h. letztlich das Unglücklichsein gewählt, um genau in dieser Tiefe des Leidens und Unglücks mit den Menschen solidarisch zu sein und sie in der Situation des Unheils und Unglücks seine Liebe und sein göttliches Heil spüren zu lassen.

DA DER MENSCH sich nicht selbst aus eigener Kraft verwirklichen und glücklich machen kann, bedarf er der Erlösung und Befreiung. Die Erlösung aus der grundlegenden Unheilssituation ist dem christlichen Glauben nach in Jesus Christus erfolgt. Im Tod und in der Auferstehung Jesu sind alle Menschen endgültig erlöst und gerettet, d.h. von Gott für immer in Gnade und Liebe angenommen (vgl. die Parabel vom barmherzigen Vater und vom guten Hirten) und zur ewigen Glückseligkeit berufen. Aus der Sicht des Glaubens wirkt sich diese endgültige Erlösung und Rettung auch schon im irdischen Leben aus, wo immer Momente hiervon aufleuchten und erfahrbar werden. Als Orientierungspunkte weisen sie den Weg eines jeden Menschen ins Glück – in begrenztem Maße – auch hier und jetzt.

DIE SCHMERZLICHEN SEITEN ANERKENNEN

WENN EIN MENSCH leben will, ohne seine Vergangenheit aufzuarbeiten, dann gleicht er einem Betrunkenen, der unter einer Straßenlaterne den verlorenen Schlüssel zu seinem Lebenshaus sucht. Als ein vorübergehender Polizist fragt, ob er denn sicher sei, dass er den Schlüssel gerade unter der Laterne verloren habe, antwortet der Mann: „Nein, nicht hier, sondern dahinten, aber dort ist es viel zu finster.“ Wer zu einem glücklichen Leben kommen will, der muss auch die finsteren und unglücklichen Situationen seines vergangenen Lebens in der vor- und nachgeburtlichen Zeit anschauen und annehmen.

WER DIE OFT schmerzliche und lebensbehindernde Vergangenheit verdrängt und sie als unabänderliche Vorgabe seines Lebens ansieht, läuft Gefahr, sich fatalistisch dieser Vergangenheit auszuliefern und sie dann unbewusst in der Gegenwart zu wiederholen.

WER SICH die eigene Kindheit mit ihren Sonnenseiten und mit Ihren Schattenseiten anschaut und sich damit auseinandersetzt, kann – bei allen Begrenzungen – durch die eigene freie Entscheidung und Selbstbestimmung neue, positive Akzente und Prioritäten im persönlichen Leben setzen.

IDENTITÄT IN DER LEBENSMELODIE

DAS EMOTIONALE GRUNDTHEMA in der Lebensmelodie spielt sich bei ähnlichen Klängen in der Umwelt, d.h. bei angstmachenden und verunsichernden Situationen, unbewusst wieder auf der Lebensplatte ein. Gleichzeitig werden dann die in der Kindheit bewährten Überlebensstrategien und Lösungsmuster wiederholt, obwohl die reale Situation eine andere ist. Dabei wird dann allerdings die aktuelle Wirklichkeit oft verfälscht wahrgenommen. Denn in solchen Situationen bestimmen die Kindheitserfahrungen, welche Risiken wir eingehen, welche Menschen wir meiden, welche wir mögen, welche Ziele wir uns setzen, was wir uns und anderen zutrauen, welchen Lebenssinn wir leben. Sie bestimmen letztlich all das, was wir tun, um die lebensnotwendige Anerkennung, um unser Glück zu finden.

AUSSERDEM GEHT ES uns in der Auseinandersetzung mit dem vergangenen Leben besonders um die Annahme und Versöhnung mit den Defiziten unseres Lebens, die uns oft so unglücklich machen. Wem fällt es nicht schwer, die Schattenseiten und schmerzlichen Lebenswunden anzuschauen und zu akzeptieren. Doch nur das kann angenommen und versöhnt werden, was bewusst erkannt und wahrgenommen worden ist. „Man muss sich selbst auf die Schliche kommen, um sich auf die Sprünge zu helfen“, wie ein Sprichwort sagt.

ES ERFORDERT eine bewusste Entscheidung, diesen Weg der eigenen Identitätsfindung in der Auseinandersetzung mit der persönlichen Vergangenheit zu gehen und die Suche nach der eigenen negativen Grunderfahrung zu wagen. Auf diesem Weg ist mit zahlreichen Widerständen und auch schwierigen Etappen zu rechnen. Denn wer will schon die tiefste Lebenswunde aufdecken und den „tödlichen Schmerz“ wiederholen, der damals zum Lebenstrauma geführt hat.

ZUR GANZHEITLICHEN AUFARBEITUNG gehört ebenso, dass die existenziellen Lebensstörungen nur von Grund auf, d.h. von den tieferen Wurzeln der Lebensgeschichte her zu verstehen und zu heilen sind.

DIE BEWUSSTE Auseinandersetzung mit der persönlichen Vergangenheit möchte zu einer realistischen Einschätzung der eigenen Möglichkeiten und Grenzen führen und dem Einzelnen helfen, von dieser übernommenen Lebensbasis aus, die Gegenwart und Zukunft, die Beziehungen, den Umgang mit sich und der Umwelt sinnvoll, und wo notwendig, verändernd zu gestalten. So kann die Annahme der persönlichen Vergangenheit eine heilsame Vorbereitung auf eine glückliche Zukunft werden.

SCHATTENSEITEN INTEGRIEREN

EINE WESENTLICHE Voraussetzung zum Glücklichsein ist der heilsame und gute Umgang mit unseren Aggressionen. Es stimmt etwas nicht, wenn ich niemals wütend bin. Menschen ohne Wut gibt es ebenso wenig wie Menschen ohne Ängste. Die oft aus den tiefen Verletzungen der frühen Kindheit entstandenen Wut- und Hassgefühle gegen Mutter und Vater sind eine ebenso normale Reaktion wie die Schmerzempfindung bei einer körperlichen Wunde. Die Art und Weise, wie wir mit diesen vorhandenen Aggressionen umgehen, kann entweder lebensbehindernd sein, wenn wir die Aggressionen verdrängen oder projektiv ausleben. In der bewussten Auseinandersetzung mit den Ursachen der Wutgefühle können wir einen konstruktiven Umgang mit unseren Aggressionen lernen, der uns hilft, im Leben weiterzugehen.

WENN DURCH dieses Vorgehen die Ängste und Schuldgefühle auch nicht mit einem Schlag verschwunden sind, so hat sich doch etwas grundsätzlich geändert: Durch die bewusste Annahme der durch Lebensangst und Schuldgefühle geprägten Vergangenheit vonseiten des Menschen sowie der gnadenhaften Heilung und Vergebung vonseiten Gottes entsteht eine positive Lebenskraft, die zwar von den Ängsten und Unsicherheiten weiter berührt, aber nicht mehr zerstört wird. So können die Ängste zu neuen Lebensenergien und zu einem glücklicheren Leben führen.

DIE VON Angst- und Schuldgefühlen Geplagten können sich häufig nicht in die Hand Gottes fallen lassen, weil sie – oft entgegen ihren vernunftmäßigen Einsichten – fürchten, dass er sie genauso wenig auffängt und bejaht wie ihre Eltern. Sie übertragen ihr Misstrauen und ihre Aggressionen gegen Mutter und Vater unbewusst auf Gott. Sie unterstellen ihm, dass er ihnen das glückliche Leben, von dem sie bisher nur träumen konnten, letztlich nicht geben will. Deshalb nehmen die Betroffenen lieber ihr Glück selbst in die Hand, ein Versuch, bei dem sie sich ständig überfordern.

DER ERSTE SCHRITT aus dem Teufelskreis von Leistung und Überforderung ist und bleibt die bewusste Auseinandersetzung mit dem einseitigen, dämonischen Leistungsgott, der das Leben bisher unbemerkt geprägt hat. Nur in kleinen Schritten können dann bewusst neue, ergänzende Lebenswege gegangen werden, um eine geordnete Selbstliebe einzuüben, die sich über Leistungen und Erfolge freut, sich aber nicht sklavisch von ihnen abhängig macht.

UNSERE MÖGLICHKEITEN UND TALENTE

IM LICHTE DER BIBLISCHEN BOTSCHAFT sind Leistung und Einsatz der eigenen Kräfte in sich gut und machen glücklich, wenn sie vom Gott des Lebens ausgehen und im Rahmen einer geordneten Gottes-, Selbst- und Nächstenliebe eingesetzt werden. Im Lichte des Glaubens an den menschenfreundlichen Gott, gehört es zur Gerechtigkeit Gottes, dass er dem Menschen sein Leben in freier Verantwortung übergeben hat.

WIR GEHEN davon aus, dass sich jeder Mensch ändern kann, wenn er will und bereit ist, den eigenen Weg mit seinen Konsequenzen Schritt für Schritt zu gehen. Allerdings vermag sich der Mensch nicht beliebig zu ändern, sondern nur im Rahmen der Möglichkeiten und Grenzen, die ihm von seinem vergangenen Leben gesetzt werden. Also lässt sich sagen: Jeder Mensch ist seines eigenen Glückes Schmied, insofern er seine Möglichkeiten der Veränderung wahrnimmt.

UM DIE VOR-GABE der Vergangenheit, die jeder Mensch unterschiedlich in seiner Herkunftsfamilie erhalten hat, als Auf-Gabe für das gegenwärtige und zukünftige Leben fruchtbar machen zu können, bedarf es eines dynamischen Prozesses.

DESHALB IST es empfehlenswert, ja notwendig, sich ganz bewusst den persönlichen positiven Anlagen und Fähigkeiten zuzuwenden und sie wahrzunehmen: Welche Talente, Fähigkeiten und Möglichkeiten habe ich, um andere und mich selbst glücklich zu machen?

DER PERSÖNLICHE HEILUNGSPROZESS

ES IST IMMER WIEDER erstaunlich, wie sich die grundsätzliche Lebenseinstellung nach der Versöhnung mit der eigenen Vergangenheit zum Positiven hin verändert, letztlich zu einem glücklicheren Leben, in dem die Einzelnen ihre kleinen Glückserfahrungen klarer sehen und genießen können. Eine solche positive Grundeinstellung ist überhaupt die Voraussetzung für ein glücklicheres Leben.

MANCHE VERSUCHEN – wie in der Kindheit – sich Anerkennung und Zuwendung durch ein „Mehr" an Leistung, Erfolg, Anpassung, Kuschen, Sich-nützlich-Machen, Fromm-Sein etc. zu verschaffen. Andere betäuben die verletzten Gefühle und die Wut durch Alkohol, Drogen und andere Suchtmittel, durch Arbeitssucht, Esssucht, Magersucht, Schlafsucht etc. Sie „bilden" sich ein, dass dieser Zustand des Überlebens bereits das eigentliche Leben ist.

DIE PHASE der aggressiven Auseinandersetzung ist oft die schwierigste auf dem Weg der Bearbeitung der eigenen Vergangenheit. Das gilt für das Hadern und das Äußern der Wut- und Hassgefühle gegenüber den Eltern und insbesondere gegenüber Gott. Wenn die Gefühle nicht geäußert werden, ist die Gefahr groß, resignierend in die Verdrängung und damit letztlich in die emotionale Schlüsselposition zurückzufallen, dort zu verharren und mit der „Wut im Bauch" autoaggressiv und selbstzerstörerisch weiterzuleben.

ERST WENN wir die Wiederholungen der kindlichen Lebensweisen bewusst durchkreuzen und die Formen des Verdienen- und Leistenmüssens ablegen, werden wir in der Phase des Verhandelns einen wichtigen Schritt zur Vergangenheitsbewältigung tun können: Negative Schlüsselerfahrungen werden dann auch in ihren positiven und lebendigen Aspekten erkannt und neu ins Leben eingeordnet.

IM HINBLICK auf den persönlichen Heilungsprozess ist es wichtig, sich bewusst in den Prozess der Trauer über die schmerzliche Vergangenheit, die nicht mehr zu ändern ist, einzulassen, sich aber nicht in dieser Trauer zu verlieren. „Trauer" unterscheidet sich von „Depression" dadurch, dass hier die Vergangenheit „gezielt" und in einer gewissen Zeit (Trauerzeit) betrauert wird, um sie dann mit der Zeit zu „lassen".

IN DER PHASE der Vergebung und Versöhnung kommen die Betreffenden Schritt für Schritt zur Annahme des eigenen Lebens. Dies führt letztlich zu einem glücklicheren Leben, zum Frieden mit den Eltern und Gott und nicht zuletzt mit sich selbst. Erst aus dieser Annahme und dem inneren Frieden heraus können die schlimmen Schlüsselerfahrungen aus der Kindheit zu fruchtbaren Lebensaufgaben werden: Denn wer vermag z.B. einen verzweifelten und geschundenen Menschen besser zu verstehen als die, die selbst Angst und Verzweiflung durchlitten haben.

SO KANN DER SATZ: „Mein Leben ist das beste“ trotz der negativen Vergangenheit ein Zielsatz bleiben, der zum Glücklichsein führt. Die Voraussetzung dafür ist, dass wir unser Leben aus der Hand Gottes annehmen und aus diesem Erbe unser eigenes Leben gestalten.

GOTT ALS WEGBEGLEITER

DER GUTE GOTT als treuer Wegbegleiter ist letztlich der Garant eines glücklichen Lebens auf dieser Erde, das in seinen glücklichen Augenblicken ein Spiegelbild der Glückseligkeit ist, die uns im ewigen Leben verheißen ist. Dieser Gott des Lebens wohnt in jedem Menschen, ist in der tiefsten Mitte, im positiven, innersten Kern jedes Menschen gegenwärtig.

ZIEL EINER konstruktiven Auseinandersetzung mit Gott ist die Klärung der persönlichen Gottesbeziehung im Hier und Jetzt und die Erarbeitung der Möglichkeiten für eine positive Ausgestaltung in der Zukunft. In diesem Prozess werden die unbewussten, negativen Gottesbilder auf ihre lebensbehindernden Auswirkungen hin entlarvt und durch positive Gottesbilder ergänzt.

EIN „HADERN MIT GOTT“ ist notwendig und heilsam, es wirkt sich befreiend und entlastend auf dem Weg zu einem eigenen und glücklichen Leben aus. Eventuell auftretende „Schuldgefühle“ sind nicht vom guten Geist, sondern dürfen getrost als falsch „beiseite“ gelegt werden. Gott kennt unsere Gedanken doch schon, bevor wir sie aussprechen.

IN DEM MASSE, in dem wir unsere Vergangenheit annehmen und erkennen, dass uns dieses unser Leben von Gott als das beste zugefallen ist, in dem Maße können wir unsere Vergangenheit für ein glückliches Leben in Gegenwart und Zukunft fruchtbar machen.

JEDER MENSCH ist seines Glückes Schmied, wenn er sein vergangenes Leben als Vorgabe und Aufgabe für die Gestaltung des gegenwärtigen und zukünftigen Lebens aus der Hand Gottes annimmt und das Beste daraus macht.

VOM HEILIGEN BERÜHRT

WENN AUCH manche Behinderungen und schmerzlichen Narben von den Lebenswunden zurück bleiben, im Glauben darf ich davon ausgehen: Sie sind bereits von Jesus erlöst. Und so kann ich wagen, Ihm meine Ängste und Schmerzen zu überlassen.

LETZTLICH entscheidet über Glück und Unglück in unserem Leben, ob wir die uns gerade auch von Gott angebotene Zusage und Liebe annehmen oder ablehnen, ob wir den Lebens- und Glücksverheißungen, die Gott uns persönlich z.B. in der Taufe zugesagt hat, mehr glauben, als den lebensverneinenden Unglücksbotschaften der Eltern, hinter denen sich oft der „Widersacher“ Gottes versteckt. Ein ausgewogener Dreiklang von Gottes-, Nächsten- und Selbstliebe ist nach christlichem Glauben der beste Garant für ein glückliches Leben.

DADURCH WERDEN NATÜRLICH nicht alle Krankheiten und erst recht nicht der Tod als Ende des irdischen Lebens beseitigt. Aber sie werden im Glauben umgewandelt und erhalten einen neuen Sinn. Dieser besagt, dass Gott in allen Dingen zu finden ist, auch in Krankheit, Behinderung und Tod. Gott selbst wohnt somit allem Leben inne, das es immer mehr und tiefer zu entdecken gilt.

GOTT SCHENKT uns die notwendigen Dinge für ein glückliches Leben. Es liegt an uns, ob wir dieses Potenzial, diese Talente zu unserem Glück oder Unglück verwenden. So könnte der anfangs zitierte Satz über das Glücklichsein: „Glücklich ist, wer hat, was er will“ am Ende unserer Überlegungen umformuliert werden in den Satz: „Glücklich ist, wer will, was er hat“, der letztendlich sein Leben, wie es ihm aus der Hand Gottes zugefallen ist, so annimmt, wie es ist.

DIE SELIGPREISUNGEN DER BERGPREDIGT

IN DIESEM SINNE der Spannbreite des „noch nicht und doch schon“ ist die Bergpredigt eine mögliche Wirklichkeit, eine Realutopie, weil wir so handeln können, wie Jesus es uns vorschlägt. Widersprechen die Seligpreisungen der Bergpredigt auch weitgehend den normalen Lebensregeln unserer Zeit, so können sie vielleicht gerade aus diesem Grunde Wegweiser zu einem glücklicheren Leben sein.

SO SIND DIE Seligpreisungen der Bergpredigt für uns in erster Linie wie goldene Regeln, die zu einem glücklichen Leben führen können, wenn wir sie im Alltag im Sinne des Evangeliums verstehen und leben.

BIBELTHEOLOGISCH wird die Bergpredigt verstanden als Gnadenzuspruch, als ethische Ermahnung oder als Lebensordnung für die Gemeinde.

GLÜCKLICH, die arm sind vor Gott, denn ihnen gehört das Himmelreich.

In dieser Sichtweise verliert „haben um zu besitzen“ seinen Sinn. Dieser Reichtum ist nicht zu haben und zu halten. Im gleichen Moment, wo ich auch nur ein klein wenig davon haben und festhalten will, entrinnt es mir. Und mein Wissen: Was weiß ich letztlich von all dem? Wer kann schon das Wunder des Lebens erfassen? Ebenso mein Tun: Was kann ich wirklich meistern? Wie oft kommt es anders als ich denke. Lebensprozesse und -zusammenhänge sind nicht planbar und unfassbar.

GLÜCKLICH, die Trauernden, denn sie werden getröstet werden.

Eine „gesunde“ Trauer schafft den Kontakt zur Wirklichkeit, zu neuen Möglichkeiten des Lebens, indem sie Verletzungen zur Heilung bringt, die als unverarbeitetes Leid das Leben behindern würden. In der Trauerphase werden die Vergebung und Versöhnung entscheidend vorbereitet und eingeleitet, die sehr tröstlich sein können. Auf diese Weise setzt die Trauerarbeit innere Kräfte frei und führt den Menschen auf dem Weg zu sich selbst, den anderen und zu Gott weiter. Glücklich, wer traurig sein kann, wer leiden kann an den Widersprüchen der Welt und des Lebens. Selig wer noch weinen kann, wer die Gabe der Tränen und ein lebendiges Herz besitzt, das nicht versteinert ist.

GLÜCKLICH, die keine Gewalt anwenden, denn sie werden das Land erben.

Erst dieses grundlegende Gefühl, ich selbst sein zu dürfen, befreit mich aus der Angst, von anderen bestimmt zu werden. Es löst entsprechende Verkrampfungen und von der Gewalt bestimmte Handlungsweisen auf, die ich meine einsetzen zu müssen, um mir meinen Platz zu erhalten oder zu erkämpfen. Wenn kein ausreichendes Selbstwertgefühl vorhanden ist, geht es um Wettbewerb, um Kampf mit Sieg und Niederlage, mit Gewinnern und Verlierern: ein Verlustgeschäft für alle Beteiligten. Im Lichte der Sanftmütigkeit, die nicht „dagegen" kämpfen muss, sondern sich „für" etwas einsetzt, werden Aggressionen positiv verstanden als Antriebskräfte für einen konstruktiven Einsatz der eigenen Möglichkeiten und Lebensenergien.

GLÜCKLICH, die hungern und dürsten nach der Gerechtigkeit, denn sie werden satt werden.

Des Menschen Sache ist die Entscheidung, ob und wie er sich auf diese Gerechtigkeit im Glauben einlassen und wie er seine Antwort darauf im konkreten Alltag gestalten will. Lässt er sich darauf ein, dann werden Hunger und Durst wach, Erfahrungen, wie wenn ich mich in der Wüste befinde. Die Frage ist, wie weit bin ich bereit, mich diesen Erfahrungen von Hunger und Durst nach der Gerechtigkeit des neuen Lebens auszusetzen und wieweit bin ich bereit, das damit verbundene Wagnis der Wüste einzugehen und durchzustehen.

Die Erfahrung zeigt, dass Menschen, die sich auf diesen Prozess des „Gerecht-werdens" und des „Rechtseins" bewusst einlassen, reich belohnt werden durch das Glück der Vergebung und Versöhnung. Sie machen die Erfahrung, dass sie, wie in einem geglückten und reichen Leben ihre tiefen Wünsche und Möglichkeiten leben und genießen können. Damit erfüllt sich die Verheißung: „Sie werden satt werden", nicht erst im Jenseits, sondern auch schon hier und jetzt in einem glücklichen irdischen Leben.

GLÜCKLICH, die Barmherzigen, denn sie werden Erbarmen finden.

Barmherzigkeit für andere setzt voraus, dass ich mit mir selbst barmherzig bin. Nur so kann ich als ein Mensch, der selbst auf Hilfe und Erbarmen angewiesen ist, den anderen „gleich“ sein, und sie somit in ihrer Einzigartigkeit und in ihrem Anderssein annehmen als die, die sie sind im Grunde ihres Wesens. Dies erfordert, dass ich auf den Grund meiner Tiefen hinabsteigen muss und dort meine Sehnsüchte und Wünsche, meine Not und meinen Mangel erfahre, der auch die anderen quält. Diese Erfahrung von Trennung und gleichzeitigem Einssein birgt eine Energie von tiefer Solidarität, die zum Teilen und zum gegenseitigen Geben und Nehmen einlädt.

GLÜCKLICH, die ein reines Herz haben, denn sie werden Gott schauen.

Menschen, die Gott suchen, ahnen, dass die Nähe und das Schauen Gottes, nach dem sie sich im Tiefsten sehnen, auch das höchste eigene Glück bedeutet. Diese Grundeinstellung des „reinen Herzens“ wird meist durch einen läuternden Reinigungsprozess erreicht.

Dann werden wir in unserem Wesen durchlässiger für das Transzendente. Dadurch kommen wir bereits in diesem Leben zu einer beglückenden Anschauung Gottes, wenn sie auch noch verhüllt bleibt. Wir erkennen Gott in uns selbst, in allem, was lebt und sich bewegt. Dabei ist er immer größer und tiefer als das, was wir fassen können, und gleichzeitig erscheinen wir uns selbst und alles andere immer als reicher und schöner und ganzer, als wir fassen können: eine tiefe Erfahrung von Glück, vom Einssein mit uns selbst, mit der Welt und mit Gott. Eine tiefe Dankbarkeit und Freude für das Leben durchdringt uns.

GLÜCKLICH, die Frieden stiften, denn sie werden Söhne und Töchter Gottes genannt werden.

Friedensstifter können eine Atmosphäre des Vertrauens schaffen, in der sich bestehende Spannungen aufheben, und sie sind verständnisvoll und tolerant. Sie sind einfühlsam, sie begegnen dem Anderen, erleben und wertschätzen den Menschen, ohne zu urteilen. Sie suchen zu verstehen und gleichzeitig das Geheimnis des „Anderssein" anzuerkennen. Diese Weise der Begegnung setzt eine Kraft frei, die gestörte Rhythmen wieder in Einklang bringen kann, eine Kraft der Liebe, die mitschwingt und in Schwingung bringt, die ermöglicht und einlädt zu Neuem und nicht festlegt und bestimmt, was einzig richtig ist.

GLÜCKLICH, die um der Gerechtigkeit willen verfolgt werden, denn ihnen gehört das Himmelreich.

Gott selbst stellt sich meiner Leidens- und Verfolgungsgeschichte. Sie lässt ihn nicht unberührt, sondern bewegt ihn und geht ihm zu Herzen. Auf diese Weise kann die Verfolgung zum Heil gereichen, weil sie die Konfrontation mit den Grundbestimmungen des Daseins bringt. Sie stellt den Menschen vor die Entscheidung, in die Tiefe des Seins einzutauchen und sich in den Abgrund Gottes fallen zu lassen oder aber zu verzweifeln. Unser Leid und Kreuz ist im Kreuz und in der Auferstehung Jesu ja bereits erlöst und aufgehoben. So ist eine leidvolle Krise immer auch eine Chance zum Positiven hin, zu einem glücklichen Leben.

SEGEN
FÜR DEN LEBENSWEG

UNSER TIEFES durchtragendes Glücklichsein ist ein Geschenk des gütigen und barmherzigen Gottes, der ein für alle Mal unser Glück will, selbst im Leiden, im Unglück und im Tod. Jeder und jede, der und die sich auf ihn in allen Dingen und Situationen, in allen Begegnungen einlässt, kann erfahren: Er ist der Gott, der unser Leben trägt wie der Boden, auf dem wir fest stehen, der Gott, der uns treu begleitet. Deshalb möchte ich zum Schluss den Leserinnen und Lesern den Segen Gottes für ihren persönlichen Lebensweg zusprechen und ihnen viele glückliche Stunden wünschen.

Bildnachweis:

S. 12, 16, 20, 24, 25, 31, 32, 34, 35, 36, 42, 44, 46, 50, 53, 56, 59, 60, 62, 64, 66, 67: cc Farbbild-Service, Freiburg

S. 14: Angelika Schlöter, Dortmund

S. 19: Peter Santor, Karlsruhe

S. 22, 28, 48, 54, 70, 78: Anneliese Hück, Hochheim